AF315934

DU PRINCIPE ÉLECTIF

A APPLIQUER A LA VILLE DE LYON

POUR LA NOMINATION

DE SON CONSEIL MUNICIPAL

———

OBSERVATIONS RESPECTUEUSES

SOUMISES AU CONSEIL GÉNÉRAL DU DÉPARTEMENT DU RHÔNE

ET A M. LE SÉNATEUR DE L'EMPIRE

ADMINISTRATEUR EXTRAORDINAIRE DU MÊME DÉPARTEMENT

LYON

IMPRIMERIE DE VEUVE MOUGIN-RUSAND

3, rue Stella, 3

———

1864

—◇O◇—

Ces observations seront tirées à un nombre limité d'exemplaires ;
aucun ne sera vendu.

—◇O◇—

DU PRINCIPE ÉLECTIF

A APPLIQUER A LA VILLE DE LYON

POUR LA NOMINATION DE SON CONSEIL MUNICIPAL

OBSERVATIONS RESPECTUEUSES

SOUMISES AU CONSEIL GÉNÉRAL DU DÉPARTEMENT DU RHÔNE ET A M. LE SÉNATEUR

ADMINISTRATEUR EXTRAORDINAIRE DU MÊME DÉPARTEMENT.

Restituer à la ville de Lyon l'élection de son Conseil municipal, tel était en substance l'un des vœux présentés à la session du Conseil général du Rhône, en 1863, par plusieurs de ses membres appartenant aux diverses nuances de l'opinion démocratique.

Le principe de cette proposition, sous la réserve de l'examen des moyens de la réaliser, devait trouver et trouva de l'écho, même en dehors de l'opinion qui l'avait produite.

En effet, il existe à Lyon, dans toutes les conditions, les plus élevées comme les plus modestes, beaucoup d'hommes aux idées à la fois conservatrices et libérales. Ils veulent l'Ordre, sans doute, avant tout; mais quand l'Ordre est rétabli, consolidé, ils désirent le progrès sage et constant dans la Liberté.

De plus, toutes les opinions, sans distinction, y conservent le culte des habitudes et des traditions municipales.

L'an passé, le Conseil général ajourna l'examen de la question, sans rien décider. Ce vœu s'était présenté inopinément à lui, il n'était pas préparé suffisamment à le discuter. Le motif d'inopportunité par lequel il justifia l'ajournement pouvait être critiqué (voir plus bas, note ▲); mais, en dehors du motif donné, il agit prudemment en réservant la question; il s'accorda à lui-même, pour le temps de la méditation, le bénéfice d'une année entière.

Dans la session actuelle, la discussion au fond ne peut manquer de s'ouvrir; d'une part, le renouvellement partiel du Conseil général y a renforcé l'élément démocratique; d'autre part, plusieurs membres parmi ceux que l'administration a patronnés aux élections précédentes, ou qu'elle a accompagnés de ses vœux à celles de cette année, sont sympathiques au principe de la proposition.

Puisque cette question éminemment lyonnaise est à l'ordre du jour, qu'il soit permis à un Lyonnais de résumer ici les raisons qui la recommandent, et d'essayer d'indiquer le moyen qui lui paraît le plus propre à la résoudre.

Rattaché à une période administrative demi-séculaire par tous ses souvenirs de famille et par quelques travaux personnels, il puise dans ces circonstances spéciales le motif et l'excuse des respectueuses observations qu'il soumet à la sagesse et à l'indépendance du Conseil général.

Depuis 1830, toutes les communes de France jouissent du droit de nommer leur Conseil municipal. Paris seul fut excepté, même sous le gouvernement de Juillet. Paris, comme Capitale, comme siège du Gouvernement, a toujours été placé dans une position de dépendance. C'est le satellite absorbé par les rayons de l'astre.

Lyon, qui, pendant près de 22 ans, avait exercé le droit

d'élire son Conseil, en a été privé par le décret du 21 mars 1852. Ce décret créait « *provisoirement*, à Lyon, une Commission municipale. » C'était là une mesure temporaire, dictatoriale, qui devait cesser, comme le mot *provisoirement* l'indiquait, avec les circonstances extraordinaires qui avaient pu la motiver.

L'espérance, la presque certitude de voir finir ce provisoire, ont été cependant déçues.

L'article 14 de la loi du 5 mai 1855, en rendant à Lyon un Conseil municipal de 36 membres, a enlevé aux Lyonnais le droit de nommer leurs conseillers et l'a transféré à l'Empereur. La situation s'est trouvée ainsi aggravée, car, de temporaire elle est devenue définitive, au moins jusqu'à une loi nouvelle.

Et cependant, en 1855, l'ordre était déjà rétabli depuis trois ans. De 1855 à 1864, neuf ans se sont encore écoulés, et la France est ainsi parvenue à la douzième année d'un règne fort et tranquille à l'intérieur, puissant et redouté à l'extérieur.

Il n'existe donc aucun motif sérieux, discutable (sauf l'appréhension de l'application du suffrage universel, sur laquelle on s'expliquera plus bas), de maintenir contre Lyon la position d'infériorité et d'exception à laquelle l'a condamnée la loi de 1855 (A).

(A) L'ajournement en 1863 par le Conseil général avait été motivé ainsi :

« Le Conseil général, sans contester d'une manière absolue, etc....., estime « qu'en l'état des choses, et en présence des transformations opérées et en « cours d'exécution, toute discussion serait *inopportune.* »

Ce motif m'inspira alors les réflexions suivantes :

« Est-ce que pour les grandes transformations opérées ou à opérer un Con-« seil municipal *élu* serait moins propre, moins utile qu'un Conseil nommé par

On avait, il y a quelques années, tenté de soumettre Marseille au même régime. La troisième ville de l'Empire résista avec énergie, et sa résistance légitime a été couronnée d'un succès complet.

A Bordeaux, émotion profonde le 31 mai 1863, à l'occasion des élections générales. Le candidat de l'opposition avait fait imprimer dans son journal que par l'influence du candidat officiel, le Conseil municipal allait être remplacé par une Commission. A la séance du Corps législatif du 19 novembre suivant, M. Thuillier, président de section au Conseil d'Etat, commissaire et l'un des plus brillants orateurs du Gouvernement, insistait, en ces termes, sur toute la gravité d'une telle supposition : « Cette popu- « lation de Bordeaux, si fière de ses franchises munici- « pales, apprend tout-à-coup qu'elle va être soumise au « régime d'une Commission. Il y avait là, Messieurs, etc., « de quoi fausser l'élection. »

Ainsi, l'organe autorisé du Gouvernement reconnaissait combien la population d'une grande ville comme Bordeaux, menacée, même seulement par un faux bruit, de perdre son conseil municipal élu, tel qu'il existe partout, avait le droit d'en être froissée.

« le Pouvoir sur la présentation de celui même qui administre ? Mais, ou je « m'aveugle fort, ou c'est précisément la proposition contraire qui est la vraie ! « Plus il y a à transformer, et plus il y a à dépenser; et plus il y a à dé- « penser, et plus il est opportun que le conseil qui délibère la dépense et les « voies et moyens soit un conseil électif.

« Est-ce qu'à Marseille, Lille, Rouen, et dans bien d'autres grandes villes « qui sont aussi en état de transformations opérées ou à opérer, les conseillers « municipaux ne sont pas élus par leurs concitoyens ? »

(*Courrier de Lyon* des 30 septembre et 2 octobre 1863.)

Lyon n'a pas abdiqué cette fierté qu'on trouve si naturelle pour Bordeaux; Lyon doit être bienvenu à demander d'être affranchi du régime privatif dont Marseille n'a pas voulu.

Lyon ne doit donc pas être tenu éloigné plus longtemps de l'exercice du droit qui appartient à toutes les communes de France, d'intervenir dans le choix de leurs mandataires municipaux, de ceux qui doivent surveiller l'emploi de leurs finances.

Mais par quels électeurs seraient nommés, à l'avenir, les conseillers municipaux de Lyon? que devrait décider, à cet égard, une loi nouvelle? que doit-on, que peut-on demander à cette loi nouvelle?

Ici une difficulté, un danger possible peuvent se présenter et nuire au succès de la proposition. Une fois signalés, ils peuvent être évités.

Parmi les membres partisans du vœu, quelques-uns pourraient demander que les électeurs fussent ceux du suffrage universel.

Mais leur proposition trouverait certainement pour adversaires ceux qui sont d'avis que l'électorat municipal, quoique constitué sur une base large, doit présenter cependant quelques garanties dont le suffrage universel leur parait dénué (ʙ).

<hr>

Ainsi, d'accord sur le principe, on pourrait ne pas l'être, on ne le serait pas sur sa mise à exécution.

Le seul moyen de faire réussir le vœu est donc de ne pas prétendre préciser les moyens d'exécution, et, une fois son principe adopté et vivement recommandé, de s'en rapporter sur le mode de sa mise en pratique à la sagesse du Gouvernement.

En d'autres termes, le vœu devrait se borner à prier le Gouvernement d'appliquer le principe électif au Conseil municipal de Lyon, et de présenter, à cet effet, au Corps législatif, à sa prochaine session, une loi modificative de l'article 14 de la loi du 5 mai 1855.

Ce langage est celui de la modération, de la conciliation, de la transaction, je dirai plus, de la déférence due au droit d'initiative du Gouvernement, tel qu'il lui appartient d'après la Constitution, puisque, tout en insistant sur une prompte adoption du vœu, on s'en rapporterait à lui sur le mode de le réaliser.

Ce langage sera-t-il entendu par tous les partisans du vœu ?

On doit en avoir le ferme espoir.

Et d'abord, par les conservateurs libéraux ?...

Qui pourrait en douter ? Ne sont-ils pas assurés d'avance ment du suffrage universel pour les élections municipales. Indépendamment des raisons tirées des textes de la Constitution elle-même alors par moi cités, on peut consulter les premières lignes de l'Exposé des motifs à l'appui de la présentation du projet de loi de 1855. Cet exposé reconnaît et affirme que le suffrage universel n'est pas obligatoire pour les élections municipales et pour plusieurs autres.

que le Gouvernement, en accueillant favorablement le vœu, n'ira pas au-delà de ce qui sera prudent, convenable? Que le projet du Gouvernement constitue un progrès réel, sérieux, une véritable représentation communale, et ils seront satisfaits.

Sera-t-il également entendu par les membres du Conseil appartenant à la démocratie?

Oui, assurément, s'ils veulent réfléchir sur le sort des demandes extrêmes, absolues, radicales.

Le véritable ami du peuple et du pays préfère les améliorations possibles et réelles aux aspirations exagérées; il tient moins compte de la popularité qu'accorde et retire la multitude, que de l'estime et de la considération durables de la partie saine et éclairée de toutes les classes et de toutes les opinions.

Tout ou rien n'est pas la devise de la Sagesse. Qui raisonne et calcule le mieux de celui qui exige tout et perd tout, ou de celui qui consent à accepter une partie de ce qu'il s'était cru en droit de demander, parce qu'il reconnaît qu'il n'aurait pu obtenir davantage?

Et pour prendre ici un exemple dans le sujet même, qu'on suppose qu'à Lyon le suffrage universel porte la liste des électeurs à 70,000, et que la base adoptée par le Gouvernement dans la loi nouvelle ne laisse subsister que les deux tiers ou la moitié de ce chiffre pour les élections municipales, ne vaut-il pas mieux, dix fois mieux, pour l'opinion démocratique elle-même, que le Conseil municipal de Lyon soit élu à l'avenir par 40,000 ou même 30,000 électeurs seulement, que de continuer à être nommé comme il l'est depuis douze ans, par le Souverain seul, sur la présentation d'un seul fonctionnaire, éminent sans doute, mais qui est précisément celui dont le Conseil municipal est appelé à contrôler la gestion. Et ce contrôle par une assemblée élue est d'autant plus important, que le programme de cette gestion étant plus magnifique et plus rapidement exécuté entraine une dépense plus considérable, des emprunts plus répétés, et des impôts plus forts (c).

Ainsi, il faut toujours en revenir à cette considération unique et qui doit dominer et faire taire toute dissidence : le principe du vœu ne peut être adopté qu'autant qu'on ne préjugera en aucune manière le mode de son exécution.

Puissent tous les partisans de ce principe au Conseil général s'inspirer, en cette grave circonstance, des belles paroles que prononçait M. le président de Morny, à la clôture de la dernière session du Corps législatif : « Combien « nous servirions la cause de la Liberté si nous la rendions

(c) Quelques esprits avancés pourraient peut-être objecter que consentir même implicitement à l'hypothèse d'un électorat restreint, c'est renoncer au suffrage universel, c'est renoncer à leurs principes politiques, etc., etc.

Si une telle observation était présentée, il suffirait d'y répondre par les faits suivants. Pour les élections des Prudhommes, si importantes à notre population ouvrière, pour celles du Tribunal de Commerce, de la Chambre de Commerce, l'électorat actuel n'est-il pas restreint ? Là, le suffrage n'est pas universel, il s'en faut de beaucoup ! Les lois spéciales à ces élections sont anciennes, antérieures au second Empire, et très-limitatives du nombre des électeurs. Et cependant elles sont observées, exécutées, respectées, et elles le seront tant qu'elles n'auront pas été modifiées et améliorées. — Et on a de plus pour MM. les Prudhommes, MM. les Juges consulaires, MM. les Conseillers du Commerce ainsi nommés, et pour les décisions et délibérations émanées d'eux, le même respect et la même soumission que pour les lois réglementaires de l'électorat qui les nomme... Et il n'est venu jusqu'ici à la pensée d'aucun démocrate, qu'il renonçait à ses principes politiques parce que toutes ces élections, auxquelles il prend part certainement s'il est sur la liste électorale, ne procédaient pas du suffrage universel.

« attrayante par la modération et la justice dans l'expres-
« sion de nos *opinions !* » On pourrait dire également
avec une légère variante : « Par la modération et la jus-
« tice dans nos demandes. »

Et qui sait si une entente aussi sage, aussi franchement
avouée, ne serait pas de nature à exercer une grande influence sur les membres du Conseil général supposés les
moins favorables, et sur M. le Sénateur administrateur du
département du Rhône lui-même ?

Cette entente ne serait-elle pas la meilleure preuve que
le vœu n'a rien d'hostile, d'inquiétant ?

Loin de là, si le Gouvernement veut approfondir la question, il se convaincra que le vœu lui serait favorable et
qu'il lui serait politique de l'adopter. En effet, d'une part,
on le convierait à user de son initiative pour étudier de
quelles garanties il peut lui paraître prudent d'entourer le
suffrage universel, surtout dans les cas où la Constitution
n'oblige pas de l'employer (voir ci-dessus, note b). D'autre
part, il gagnerait à Lyon, par une telle mesure, bon nombre
d'électeurs : je veux parler de beaucoup de ceux qui, depuis
1852, se sont abstenus de voter aux élections diverses.
Bien que je ne partage pas leur sentiment et que je n'aie pas
agi de même, je les comprends. Déclarés incapables de voter
pour l'élection qui leur était la plus chère, qui les touchait
de plus près, ils étaient peu encouragés à prendre part aux
autres. Rétablis dans leur droit, ils reprendraient le chemin
du scrutin, choisiraient dans le Conseil actuel et hors du
Conseil les hommes les plus utiles, les plus éclairés, les
plus dignes, et apporteraient à l'Ordre une force nouvelle.

Et tout ceci n'est point une illusion, un mirage ; c'est le corollaire logique, obligé, de l'opinion même de l'orateur du Gouvernement citée plus haut page 6. Si le seul faux bruit, même absurde, incroyable, de la suppression d'un Conseil municipal élu, peut, suivant M. Thuillier, détourner, fausser l'esprit politique d'une ville comme Bordeaux, que doit-il en être quand la mesure existe dans sa sévère réalité comme à Lyon ? Et n'est-ce pas tenir un langage extrêmement modéré, c'est-à-dire au-dessous de la vérité, que de dire : « Tant que le régime d'abstinence forcée qui nous tient à l'écart des élections municipales sera en vigueur à Lyon, il pourra y avoir chez beaucoup d'électeurs de la froideur, de l'indifférence à remplir leurs autres devoirs électoraux. » Supprimez la prohibition et l'esprit politique satisfait se rectifiera, deviendra meilleur. C'est l'application de l'adage du jurisconsulte : quand cesse la cause, cesse l'effet.

Il n'est pas besoin de dire enfin que le résultat désiré, loin d'avoir rien de fâcheux à l'égard du représentant du Pouvoir à Lyon, viendrait au contraire combler de la manière la plus heureuse une lacune que ce haut fonctionnaire regretterait assurément de laisser après lui.

Une ville est un être complexe, matériel et moral. La ville matérielle, Urbs, M. le Sénateur Vaïsse l'a régénérée, transformée, fait monter au rang des plus belles villes du Monde ! Mais la ville politique, l'être collectif, la réunion des citoyens qui la composent, Civitas !... M. le Sénateur la laissera-t-il dans cet état d'incapacité civique, d'incapacité morale qui l'a fait descendre au-dessous des autres communes de l'Empire?... Le patriotisme éclairé de M. le Sénateur nous assure qu'il voudra l'en relever et qu'il y arrivera. Autrement, il n'aurait exécuté que la moitié de sa tâche. Justement fier du droit de cité qu'il a conquis parmi nous, il tiendra à devoir, à honneur, d'accomplir la seconde moitié, la plus noble des deux, et ajoutons-le, la plus facile dans l'état actuel de la France.

A. CHODIEU

Ancien Avocat de la Ville, ancien Conseiller municipal.

Lyon, le 23 Août 1864.

Lyon, Impr. de Ve Mougin-Rusand.